La vida en el mar

El bioma marino

Kathryn Smithyman y Bobbie Kalman

🌳 Crabtree Publishing Company

Creado por Bobbie Kalman

Dedicado por Kathryn Smithyman
Amanda, eres un tesoro.

Editora en jefe
Bobbie Kalman

Equipo de redacción
Kathryn Smithyman
Bobbie Kalman

Directora de editorial
Niki Walker

Editoras
Amanda Bishop
Molly Aloian

Editora de originales
Rebecca Sjonger

Director artístico
Robert MacGregor

Diseño
Margaret Amy Reiach

Coordinación de producción
Heather Fitzpatrick

Investigación fotográfica
Laura Hysert

Consultora
Patricia Loesche, Ph.D., Programa sobre el comportamiento de animales,
Departamento de Psicología, University of Washington

Fotografías
NASA: páginas 4 y 10 (parte superior)
OAR/Programa Nacional de Investigación Submarina (NURP); College of William & Mary:
    página 21 (parte inferior); Univ. of Hawaii: página 30 (parte inferior)
Jeffrey Rotman Photography: © Jeff Rotman: páginas 11 (parte superior), 20 (parte superior), 24
Seapics com: © Masa Ushioda: página 13 (parte superior); © James D. Watt: página 17; © Peter Parks/iq3-d:
    página 18; © Doc White: página 20 (parte inferior); © Kevin Palmer: página 26 (parte superior)
Tom Stack & Associates: Mike Severns: página 7 (parte superior); David B. Fleetham: página 9 (parte inferior);
    Mark Allen Stack: página 27
Visuals Unlimited: © Martin Miller: página 12; © Richard Hermann: página 16; © Ken Lucas: página 19
    (parte superior); © HBOI: página 19 (parte inferior); © F. Gaill, WHOI: página 21 (parte superior);
    © Joe McDonald: página 25
Otras imágenes de Digital Stock, Digital Vision y Corbis Images

Ilustraciones
Barbara Bedell: páginas 5, 8-9 (ballena jorobada de la parte inferior), 11 (lupas), 12, 15 (derecha), 16, 22-23
    (todas, excepto el fondo, el pulpo, el tiburón muerto, el plancton, el cangrejo y la langosta), 29 (derecha)
Katherine Kantor: página 23 (tiburón muerto), 27
Margaret Amy Reiach: páginas 8-9 (fondo, pulpo), 11 (plancton), 15 (izquierda), 22-23 (fondo, cangrejo,
    langosta, plancton y pulpo), 28
Bonna Rouse: páginas 8-9 (todas, excepto el fondo, las ballenas jorobadas, el pulpo y el delfín), 29 (izquierda), 31
Tiffany Wybouw: páginas: 8-9 (ballena jorobada de la parte superior y delfín)

Library and Archives Canada Cataloguing in Publication
Smithyman, Kathryn
    El bioma marino / Kathryn Smithyman & Bobbie Kalman.
(La vida en el mar)
Translation of: The ocean biome.
Includes index.
ISBN-13: 978-0-7787-8400-5 (bound)
ISBN-13: 978-0-7787-8414-2 (pbk.)
ISBN-10: 0-7787-8400-2 (bound)
ISBN-10: 0-7787-8414-2 (pbk.)
    1. Ocean--Juvenile literature. 2. Marine ecology--Juvenile literature.
3. Marine biology--Juvenile literature. I. Kalman, Bobbie, 1947- II. Title.
III. Series: Vida en el mar (New York, N.Y.)

QH91.16.S6518 2006   j577.7   C2006-904535-6

Library of Congress Cataloging-in-Publication Data
Smithyman, Kathryn, 1961-
    [Ocean biome. Spanish]
    El bioma marino / written by Kathryn Smithyman & Bobbie Kalman.
        p. cm. -- (La vida en el mar)
    ISBN-13: 978-0-7787-8400-5 (rlb)
    ISBN-10: 0-7787-8400-2 (rlb)
    ISBN-13: 978-0-7787-8414-2 (pb)
    ISBN-10: 0-7787-8414-2 (pb)
    1. Marine biology--Juvenile literature. I. Kalman, Bobbie. II. Title.
III. Series.

QH91.16.S6518 2006
577.7--dc22
                                                        2006024917

Crabtree Publishing Company

www.crabtreebooks.com   1-800-387-7650

Publicado en Canadá
Crabtree Publishing
616 Welland Ave.,
St. Catharines, ON
L2M 5V6

Publicado en los Estados Unidos
Crabtree Publishing
PMB16A
350 Fifth Ave., Suite 3308
New York, NY 10118

Publicado en el Reino Unido
Crabtree Publishing
White Cross Mills
High Town, Lancaster
LA1 4XS

Publicado en Australia
Crabtree Publishing
386 Mt. Alexander Rd.
Ascot Vale (Melbourne)
VIC 3032

Contenido

El bioma más grande

Los **biomas** son grandes regiones naturales de la Tierra en las que crecen tipos específicos de plantas. Las plantas que crecen en un bioma están determinadas por el **clima** y tipo de suelo del bioma. El sol, la **precipitación**, el viento y la temperatura forman parte del clima de un bioma. Los animales que viven en cada bioma están bien adaptados a su clima. Dependen de las plantas que viven allí.

Los océanos

El bioma más grande es el bioma **acuático**, que cubre tres cuartas partes del planeta. Es el único bioma que no está sobre tierra firme. Comprende el **agua dulce**, como los lagos y ríos, y el **agua salada**, como los océanos. Los océanos son el componente más grande del bioma acuático.

Muchos ecosistemas

Los océanos contienen muchos **ecosistemas**. Un ecosistema está formado por las plantas, los animales y los componentes inertes de la naturaleza (como arena, rocas y suelo) que se encuentran en una zona determinada. En los océanos habita una variedad mucho más amplia de plantas y animales que en la mayoría de los demás biomas porque los océanos tienen muchos ecosistemas. El arrecife de coral es un tipo de ecosistema oceánico.

Muchos hábitats

Dentro de un ecosistema, las plantas y los animales viven en **hábitats** u hogares naturales específicos. En un arrecife de coral, por ejemplo, algunos peces viven en el agua que queda sobre los corales, otros se ocultan en grietas y otros viven en el fondo marino. Cada uno de estos lugares es un hábitat diferente.

Los océanos del mundo

En el mundo hay cinco océanos: el Pacífico, el Atlántico, el Índico, el Antártico y el Ártico. También hay muchos **mares**. Los mares son pequeñas zonas de los océanos rodeadas de tierra totalmente o en parte. Los océanos y los mares están **interconectados**, es decir, unidos.

Los biomas del mundo

- Bioma de bosque
- Bioma de pradera
- Bioma de matorrales y arbustos
- Bioma de desierto
- Bioma de montaña
- Bioma de tundra
- Bioma acuático

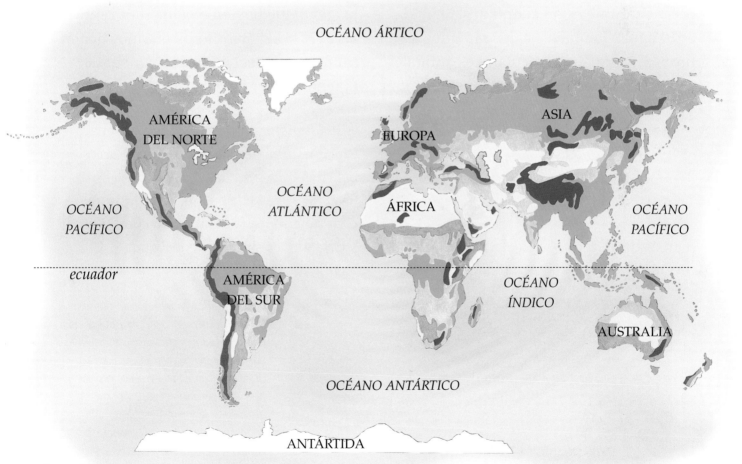

Los océanos influyen en el clima de todos los biomas de tierra. Absorben el calor del sol y contribuyen a la formación de vientos y precipitaciones. En las páginas 24 a 27 puedes leer más sobre la manera en que los océanos influyen en el clima.

La vida en el océano

Para sobrevivir, todos los animales necesitan alimento y oxígeno. También deben escapar de los **depredadores**. Los depredadores son animales que cazan y se comen a otros animales. El cuerpo y los sentidos de todos los animales están **adaptados** para sobrevivir en su bioma. Los animales **marinos** sobreviven en el océano porque están adaptados a la vida en el agua. También están adaptados a su propio hábitat en particular. Los animales marinos obtienen el oxígeno que necesitan de diferentes maneras. El agua está compuesta por hidrógeno y oxígeno. Algunos animales, como los peces, los corales, los gusanos y los crustáceos, usan el oxígeno del agua. Unos lo **absorben** a través de su delgada piel. Otros usan unas partes del cuerpo llamadas **branquias** para tomar el oxígeno que hay en el agua. Los reptiles, las aves y los mamíferos marinos tienen pulmones y deben respirar aire para obtener oxígeno.

Moverse en el agua

La mayoría de los animales debe moverse para buscar alimento y escapar de los depredadores. El agua es más **densa** o pesada que el aire. Es mucho más difícil moverse en el agua que en el aire. El cuerpo de los animales marinos está adaptado para moverse en el agua. Muchos animales, como los peces, las ballenas, las rayas, las focas y los delfines, usan las aletas y la cola para **impulsarse** o empujarse hacia delante. Su cuerpo liso y delgado les sirve para deslizarse fácilmente por el agua.

Los animales marinos que viven bajo el agua pero respiran aire deben nadar a la superficie con frecuencia para obtener oxígeno. La mayoría puede contener la respiración y permanecer bajo el agua varios minutos. Algunos animales, como los delfines, tienen un orificio en la cabeza que se abre para tomar aire cuando el animal está nadando sobre el agua, pero que se cierra herméticamente si éste se sumerge.

No tan rápido

No todos los animales marinos nadan. Los que no nadan necesitan otras maneras de escapar de los depredadores. Algunos, como los cangrejos y las langostas, tienen conchas duras que los protegen. Otros, como los pulpos, los calamares y las almejas, se alejan del peligro impulsándose con chorros de agua. Muchos animales marinos dependen del **veneno** que producen para alejar a los enemigos. Los animales también pueden usar **camuflaje** para ocultarse de los depredadores o la **presa**. El camuflaje es un color o diseño en el cuerpo de un animal que le permite confundirse con su hábitat.

Inmóviles

Algunos animales marinos no se mueven. Las esponjas, los corales, los percebes y los gusanos tubo pasan la vida fijos a un lugar. Estos animales no tienen que buscar alimento. El alimento pasa a su lado y ellos lo **filtran** del agua.

Engañado por un banco

Muchos animales nadan en grupos llamados **bancos**. En un banco, los peces se mueven juntos y parecen ser un solo animal grande, lo que puede asustar y alejar a los depredadores. Cuando un depredador ataca, los peces se dispersan.

Aunque uno o dos peces pueden resultar atrapados, la mayoría escapa. Nadar en bancos también les permite a los peces buscar alimento y evitar a los depredadores porque cada pez está alerta.

7

Las zonas del océano

Los científicos estudian el océano dividiéndolo en **zonas** o secciones. Un conjunto de zonas se agrupa según la profundidad del océano. Algunas de estas zonas se identifican según la cantidad de luz solar que reciben. La luz solar viaja por el agua desde la superficie, pero va disminuyendo al atravesar cada capa.

*La capa superior, que se conoce como la **zona iluminada**, se extiende desde la superficie hasta 660 pies (200 m) de profundidad.*

*La **zona de penumbra** se encuentra entre 660 y 3,300 pies (entre 200 y 1,000 m) por debajo de la superficie. Muy poca luz llega a esta zona. El agua está apenas iluminada y es muy fría.*

La vida en el océano

Cada zona contiene distintos tipos de seres vivos. Las plantas viven sólo en la capa superior, que también contiene la mayoría de los animales. Estas páginas muestran algunos de los animales que viven en cada zona. El tamaño de los peces de las ilustraciones no es proporcional al tamaño real.

*La **zona oscura** se encuentra entre 3,300 y 13,200 pies (entre 1,000 y 4,000 m) por debajo de la superficie. Esta zona y la zona de aguas **abisales** que está debajo son completamente oscuras; su temperatura apenas está por encima del punto de congelación. Las aguas abisales se encuentran entre 13,200 y 19,800 pies (entre 4,000 y 6,000 m) por debajo de la superficie.*

*Algunos lugares del fondo oceánico son planos, otros son montañosos y otros son **fosas** profundas. Estas fosas pueden estar a más de 19,800 pies (6,000 m) por debajo de la superficie.*

zona litoral

zona intermareal

La zona pelágica se extiende hacia fuera desde la plataforma continental.

¿A qué distancia de la costa?

Los científicos también dividen el océano en zonas según la distancia a la que se encuentran de la costa. La **zona intermareal** es la zona que queda a lo largo de la costa, donde el océano baña la tierra. Más allá de esta zona, la tierra se inclina hacia aguas más profundas y forma la **plataforma continental**. El agua que está por encima de la plataforma es la zona litoral. Al final de la **zona litoral** el fondo cae abruptamente y forma una pared empinada llamada **talud continental**, que marca el comienzo de la **zona pelágica** u océano abierto.

9

La zona iluminada

La zona iluminada comprende todos los lugares de la superficie del océano, desde la zona intermareal hasta la zona pelágica. A diferencia de las zonas más profundas, donde siempre hace frío, la temperatura del agua de la zona iluminada varía.

La temperatura depende de dónde está el agua en relación con el ecuador, como se puede ver en el mapa a continuación. Según la temperatura del agua habrá distintas **especies** o tipos de plantas y animales.

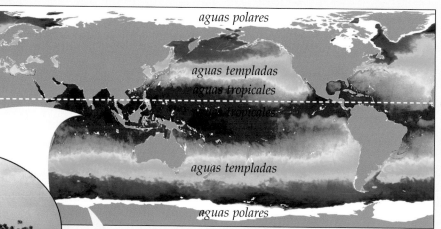

aguas polares

aguas templadas

aguas tropicales

aguas tropicales

ecuador

aguas templadas

aguas polares

océano tropical

océano polar

Caliente, tibio y frío

Las partes coloreadas del mapa muestran los océanos del mundo. Los colores indican las diferentes temperaturas del agua de la zona iluminada. Las zonas de color rojo son las más cálidas. Se encuentran en regiones **tropicales** cerca del ecuador. Las de color blanco son las más frías. Son las aguas **polares**, que permanecen frías todo el año. En las regiones **templadas** entre las regiones polares y tropicales, la temperatura de la zona iluminada cambia con las estaciones. Son aguas cálidas en verano y frías en invierno.

Lo verde está arriba

Casi todas las plantas oceánicas son **algas**. Viven sólo en la zona iluminada porque necesitan la luz del sol para producir alimento. Existen muchos tipos de algas. El **fitoplancton** son plantas microscópicas que flotan cerca de la superficie de las aguas profundas. Las algas marinas y el kelp son otros tipos de algas que crecen en el litoral. Las algas atraen a la zona iluminada a muchos tipos de animales que se alimentan de ellas. Diminutos animales llamados **zooplancton** se alimentan del fitoplancton. Los herbívoros más grandes se alimentan de algas marinas y kelp.

Un tipo de alga grande llamada kelp forma grandes bosques en ciertas aguas cálidas del litoral.

fitoplancton

zooplancton

Montañas de vida

La gran cantidad de **plancton** (conjunto de fitoplancton y zooplancton) de la zona iluminada atrae a muchos animales. Algunos animales se comen el plancton, mientras que otros se comen a los animales que se alimentan del plancton. Las rayas, los tiburones, los calamares, las ballenas, las tortugas marinas, las medusas y los crustáceos buscan alimento en la zona iluminada.

Las olas

A medida que el viento sopla sobre la superficie del océano, empuja el agua y crea olas. El tamaño de una ola depende de la fuerza con que esté soplando el viento. Las olas no tienen mucha influencia en la vida de la zona pelágica, pero sí en la vida de las zonas intermareales y litorales. Las olas remueven diminutos trozos de alimento del fondo y los trasladan a estas zonas. Cada gota de agua de estos lugares contiene diminutos trozos de alimento que atraen a los peces y a otros animales.

La vida al borde

marea alta en Sunset Bay, Oregón

marea baja en Sunset Bay, Oregón

La zona intermareal se encuentra en el borde de los continentes y las islas, donde el océano baña la tierra. La tierra firme, llamada costa, puede tener una pendiente suave o pronunciada. Puede ser arenosa, pedregosa o lodosa. Todos los días, la costa recibe las **mareas**, que son el ascenso y descenso de las aguas del océano. Las mareas se producen por la atracción que ejerce la fuerza de gravedad de la Luna sobre los océanos de la Tierra. Las únicas costas que no tienen zona intermareal se encuentran en las regiones polares, donde suelen estar cubiertas por gruesas capas de hielo.

(izquierda) La marea casi no se nota en los lugares lejos de la costa, pero en el lugar en que el océano baña la tierra firme hay una gran diferencia entre la marea baja y la marea alta.

Sube y baja

En la zona intermareal, las condiciones cambian todo el tiempo. Durante la marea alta, la costa está cubierta de agua. Durante la marea baja, queda expuesta al viento, las olas y el sol. Miles de especies de plantas, aves, mamíferos, peces, reptiles, crustáceos e insectos viven en esta zona. Estos seres vivos deben adaptarse rápidamente a los cambios para poder sobrevivir.

Los hábitats intermareales

Existen muchos tipos de hábitats intermareales. Los **charcos de marea**, que puedes ver en la foto de abajo, son depresiones de la costa o grietas en las rocas que se llenan de agua de las olas o las mareas altas. Muchos animales, como peces, camarones, langostinos, anémonas, almejas, cangrejos, mejillones, estrellas de mar y gusanos, viven en los charcos de marea. Atraen a muchos depredadores, como aves y mapaches. Las **llanuras mareales** son hábitats lodosos cubiertos de hierbas marinas. Se forman en los lugares en que los arroyos y ríos llegan al océano. En estas llanuras viven muchos tipos de plantas, crustáceos y aves.

Los mangles son árboles que se adaptaron a vivir a la orilla del océano. Tienen una red de raíces que los sujetan firmemente al lodo o a la arena blanda.

En la marea baja, estos niños investigan los seres vivos de un charco de marea.

En la plataforma

Cada continente está rodeado por cientos de millas de zonas litorales. En diversas partes del mundo, estas aguas tienen distintas temperaturas. En cada tipo de aguas litorales viven distintas especies de plantas y animales. Por ejemplo, las especies de leones marinos que viven en las aguas litorales de América del Norte no son las mismas especies que viven en las aguas litorales de Australia.

Poblaciones del litoral

En las zonas litorales de algunas partes del mundo habitan muchas especies, mientras que en otras habitan pocas especies. La **biodiversidad** es la cantidad de especies distintas que se encuentran en un lugar. Las aguas tropicales tienen mayor biodiversidad que las aguas polares. Aunque las aguas frías tienen menos especies, aun así tienen mucha vida. La capa superior de las aguas polares es rica en **nutrientes**, como el hierro, que el fitoplancton necesita para sobrevivir. Cada verano crecen grandes cantidades de fitoplancton en las aguas polares y atraen a una multitud de zooplancton que quiere alimentarse. Con tanto plancton reunido, las poblaciones de otros animales aumentan. Los animales de otras regiones también visitan las aguas polares para alimentarse.

Algunas especies marinas viven sólo en una región del mundo. Este león marino australiano sólo vive en el océano Pacífico, en la costa oeste de Australia.

14

Inviernos cálidos

La mayoría de los animales marinos permanece en un lugar toda la vida, pero diversas especies costeras **migran**, es decir, viajan largas distancias de un lugar a otro. Algunas migran todos los años, y otras sólo lo hacen una vez en la vida. Migran para encontrar alimento o tener cría. Por ejemplo, las ballenas jorobadas viven en las aguas litorales del océano Ártico en el verano, donde se alimentan de un tipo de zooplancton llamado **krill**. Sin embargo, en el invierno ártico migran a aguas litorales tropicales para tener la cría y cuidarla, como ves en la ilustración. En cuanto llega la primavera, las ballenas vuelven a su hogar en el Ártico para alimentarse.

Arrecifes de coral

Los arrecifes de coral son ecosistemas que se encuentran sólo en las aguas litorales transparentes de las regiones tropicales. La parte rocosa de un arrecife está formada por millones de animales diminutos llamados **pólipos**. Un solo coral en realidad es una **colonia** o grupo de pólipos. Cada pólipo tiene un **exoesqueleto** duro, que está unido al exoesqueleto de los pólipos que lo rodean. Cuando los pólipos mueren, quedan los exoesqueletos.

La vida en el arrecife

Los arrecifes de coral están llenos de vida. Son el hogar de más de una cuarta parte de todas las plantas y animales del océano, lo cual comprende por lo menos 4,000 especies de peces. La mayoría de estos animales no puede vivir en ningún otro lugar del océano. Para obtener refugio y alimento dependen los unos de los otros y dependen también del arrecife.

Sobre la profundidad

La zona pelágica comienza donde la plataforma continental cae y forma el talud continental. Las aguas de la parte superior de la zona pelágica están muy iluminadas, como las de las zonas litorales e intermareales. En el lugar en que la zona pelágica se encuentra con la zona litoral, las aguas están llenas de vida. Allí abunda el plancton y se reúnen bancos de peces para alimentarse. Los bancos atraen peces más grandes, como el tiburón que ves abajo, y aves, como albatros, mérgulos y alcatraces, que cazan en la superficie.

Más allá del talud continental hay grandes regiones de océano abierto, con poco o nada de plancton. En estas aguas viven menos animales que en las regiones en las que el plancton es abundante.

El alcatraz, que ves a la derecha, caza en el océano Atlántico. Se zambulle en el agua para atrapar peces y calamares.

Ocultos en la luz

En las aguas iluminadas de la parte superior de la zona pelágica, los animales no tienen dónde ocultarse. Muchos sobreviven sólo porque son difíciles de distinguir. La mayoría de los peces tienen escamas que brillan por el reflejo de la luz, que los hace parecer rayos de luz en el agua. Los depredadores, como los tiburones y los delfines, tienen **contracoloración**, es decir, lomo oscuro y vientre claro. Desde arriba, el lomo se confunde con las aguas oscuras más profundas. Desde abajo, el vientre se confunde con la superficie iluminada del agua.

Lugar para respirar

Todas las ballenas pasan parte de su tiempo en las aguas superiores de la zona pelágica. Muchas especies, como las ballenas jorobadas, las ballenas francas, las marsopas y los narvales, viven en esta zona todo el tiempo. Cerca de la superficie se alimentan de enormes cantidades de krill. Los delfines, las orcas y los cachalotes cazan a mayor profundidad, pero nadan a las aguas iluminadas para respirar en la superficie.

Lejos de cualquier escondite, estos delfines viajan en grandes grupos para estar protegidos. A los depredadores les cuesta más ver y cazar un animal que forma parte de un grupo.

17

Más profundo y oscuro

Las aguas de la zona de penumbra reciben poca luz en comparación con las aguas transparentes de la zona iluminada. La temperatura también es más fría y el agua es más densa. La mayoría de los animales sólo puede nadar lentamente o flotar en estas aguas densas y frías. En la zona de penumbra viven muchos menos animales que en la zona iluminada. Aquí viven algunas especies de peces, camarones, medusas y pulpos. Unos pocos animales grandes, como los cachalotes, descienden hasta esta zona para cazar. En la zona de penumbra no hay plantas. La mayoría de los animales se alimenta de restos de materia vegetal y animal que llegan desde la zona iluminada. Los animales de esta zona pueden pasar largo tiempo sin comer, ya que dependen de la comida que cae desde la zona más alta. Los calamares, los peces hacha y los peces linterna viven en la zona de penumbra sólo durante el día. Por la noche nadan a la zona iluminada para alimentarse, cuando el agua es oscura y fría.

Más del 95 por ciento del cuerpo de las medusas es agua.

Bajo presión

El océano ejerce presión contra el cuerpo de los animales acuáticos desde todos los ángulos. Esto se llama **presión del agua**. La presión del agua aumenta con la profundidad. Los animales **gelatinosos**, como las medusas, viven en todas las zonas oceánicas, incluso en la zona de penumbra. El cuerpo de estos animales está formado principalmente por agua, que tiene la misma presión que el agua que está fuera. Se mueven por el océano de la misma forma en que un globo inflado se mueve por el aire. Las medusas se mueven fácilmente en aguas profundas a pesar de la presión.

No hay dónde esconderse

En la zona de penumbra no hay dónde esconderse: es un espacio enorme sin ningún refugio. La mayoría de los animales evita a los depredadores porque son difíciles de ver. Muchos son **transparentes**, es decir, se puede ver a través de ellos. Otros son rojos oscuros o negros para confundirse con el agua oscura.

No mucho para ver

Muchos animales que nadan en la zona de penumbra tienen un cuerpo muy plano y delgado. Esto les permite deslizarse con más facilidad por el agua densa. Un cuerpo delgado también es más difícil de ver, en especial desde abajo. Tener cuerpo delgado les permite a estos peces pasar desapercibidos ante los depredadores del fondo de la zona de penumbra y nadar hacia arriba para alimentarse.

Una luz en la oscuridad

Varios animales de la zona de penumbra son **bioluminiscentes**, es decir, capaces de emitir luz. Su cuerpo contiene **bacterias** que producen luz. Los animales de la zona de penumbra usan la bioluminiscencia de distintas maneras. Algunos la usan para ver en la oscuridad. Otros, para atraer a su pareja o a la presa. Al atraer a la presa en lugar de perseguirla ahorran energía.

El Photoblepheron palpebratus tiene partes del cuerpo que emiten luz. Estos peces viven en los océanos Índico y Pacífico. Por la noche nadan a la zona iluminada para alimentarse de animales que son atraídos por sus órganos luminosos.

Los peces hacha tienen ojos grandes que les permiten ver a la presa en las aguas oscuras. Estos peces tienen órganos luminosos en la parte inferior, que pueden protegerlos de los enemigos. Los depredadores que nadan abajo pueden confundirlos con los rayos del sol de la superficie.

La mayor parte del agua del océano se encuentra a mucha distancia de la superficie, en la zona oscura. En estas aguas la oscuridad es absoluta y las temperaturas se acercan al punto de congelación. Las condiciones son siempre las mismas; esta zona es demasiado profunda para verse afectada por el sol, las tormentas de la superficie o el cambio de las estaciones. No hay plantas, así que a pesar de ser tan grande, en esta zona viven men animales que en las zor que están más arriba. E agua profunda es muy densa y la presión es mu alta. Hay tanta presión qu la mayoría de los animales grandes quedarían aplastac si se aventuraran en estas profundidades. Unas cuantas especies de pulpos, medusas y anguilas pueden sobrevivir aquí porque son más pequeñas y delgadas que las especies que viven más arriba.

Cuerpos de las profundidades

Los peces de las profundidades pueden parecer temibles, pero miden menos de dos pulgadas (5 cm) de longitud. Sobreviven al frío y a la presión del agua permaneciendo inmóviles. Los peces no nadan para perseguir a la presa sino que esperan que el alimento pase cerca o se hunda desde arriba. Muchos tienen boca grande para capturar el alimento y un estómago que se expande para contener mucha comida cuando ésta está disponible. Los peces de las profundidades, como el rape blanco, tienen la boca hacia arriba porque todo el alimento cae desde esa dirección. Muchos animales, como este anfípodo, no tienen ojos. La vista es inútil en la oscuridad del agua.

Comunidades de las aberturas

Pocas criaturas viven en las aguas abisales. La mayoría de las que sobreviven a esta profundidad viven alrededor de **aberturas hidrotérmicas**, que dejan salir calor y gases del interior de la Tierra. Las bacterias de las aguas abisales pueden producir alimento con las sustancias químicas de los gases. Otros seres vivos, como los cangrejos y las almejas que ves arriba, y los gusanos tubo que ves a la derecha, se alimentan de las bacterias.

Redes y cadenas alimentarias

Los seres vivos necesitan energía para crecer, moverse, reproducirse y defenderse. Las plantas son los únicos seres vivos que pueden convertir la luz solar en alimento. En el océano, el fitoplancton y otras algas usan agua, nutrientes y luz del sol para producir alimento.

La energía de arriba

Todos los animales oceánicos dependen del alimento que producen las algas. Los **herbívoros** o animales que comen plantas obtienen la energía directamente de las algas. La mayoría se alimenta de diminutos trozos de fitoplancton mientras nadan por el agua. Los **carnívoros** se comen a otros animales para obtener energía. Cuando un carnívoro se come a un herbívoro, la energía del herbívoro pasa al carnívoro. En la ilustración, el movimiento de la energía se muestra con las flechas amarillas. El modelo de comer y servir de alimento se llama **cadena alimentaria**. La mayoría de los animales comen más de un tipo de planta o animal, así que la mayoría de las cadenas alimentarias están conectadas unas con otras. Las cadenas conectadas forman una **red alimentaria**.

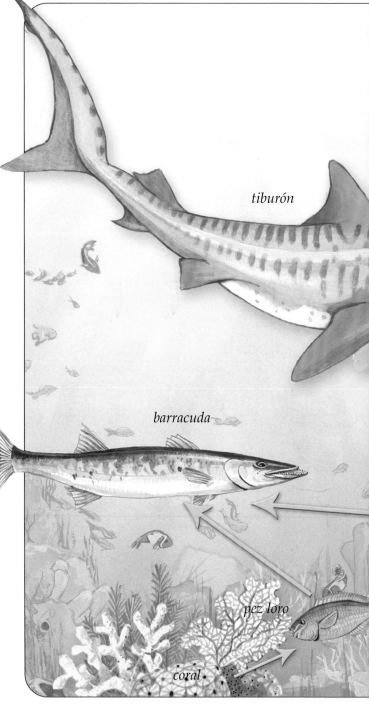

tiburón

barracuda

pez loro

coral

Limpieza

El fondo del océano es rico en nutrientes. Los restos de alimentos de los animales de las aguas superficiales se hunden, al igual que los **desechos**, que contienen nutrientes. El cuerpo de los animales muertos también se hunde y llega al fondo. Los **carroñeros**, como las langostas y los cangrejos, se comen el cuerpo de los animales muertos que encuentran. Muchas bacterias son **descomponedoras** que se alimentan de pequeños restos de plantas y animales. Con sus desechos, los descomponedores liberan nutrientes que de otra manera hubieran quedado atrapados en las plantas y animales muertos. Cuando los nutrientes pasan del fondo oceánico a la superficie, las algas los usan para producir alimento. Este ciclo mantiene en funcionamiento las cadenas alimentarias.

plancton

pez mariposa

pulpo

calamar

tiburón muerto

cangrejo

pez globo

langosta

Océanos en movimiento

Las **corrientes** son como gigantescos ríos de agua que fluyen por los océanos. Algunas corrientes fluyen por la superficie, mientras que otras se mueven en aguas profundas. Las corrientes se producen a causa del viento, el calor del sol y la rotación de la Tierra. El viento crea corrientes en la superficie del océano; estas corrientes fluyen principalmente de este a oeste. La rotación de la Tierra produce corrientes que **circulan** o fluyen alrededor de la Tierra, en

lo profundo del océano. El calor del sol crea corrientes que se alejan del ecuador hacia los polos y luego regresan. Los océanos tropicales reciben mucho calor, lo que hace que el agua se **expanda** u ocupe más espacio. Las aguas cálidas forman corrientes que se dirigen del ecuador hacia los polos. Estas corrientes empujan las aguas polares y las obligan a volver al ecuador. Las corrientes **moderan** o emparejan la temperatura de los océanos.

Desde abajo

Algunas corrientes oceánicas se mueven hacia arriba y hacia abajo entre distintas profundidades. Estos movimientos se producen a causa de cambios en la densidad del agua. La temperatura y la **salinidad**, o cantidad de sal del agua, cambian la densidad. Las aguas polares, que son frías y saladas, son más densas que las aguas tropicales, que son cálidas y menos saladas. Cuando las aguas polares fluyen hacia el ecuador, se encuentran con aguas más cálidas. Las aguas polares se hunden hasta el fondo porque son muy densas. Cuando el agua fría se hunde, empuja el agua del fondo hacia arriba. Entonces, el agua del fondo lleva nutrientes del fondo oceánico a las aguas superficiales. Este movimiento hacia arriba de aguas ricas en nutrientes se llama **afloramiento**. El afloramiento cumple una función importante en la alimentación de los animales oceánicos. En el lugar en que las aguas ricas en nutrientes llegan a la superficie crecen enormes cantidades de plancton. Muchos animales, como las ballenas jorobadas de la foto, se alimentan en estas aguas.

Todas las plantas y los animales marinos dependen de las corrientes para sobrevivir. Las corrientes transportan los nutrientes por todo el océano. Cuando los nutrientes llegan a la superficie, las algas los usan para producir alimento.

Control del clima

Los océanos son tan inmensos que influyen en las condiciones de todos los demás biomas. Ningún ser vivo, ni siquiera las criaturas del desierto, podría sobrevivir sin ellos. Los océanos absorben gran parte del calor del sol. Las corrientes moderan la temperatura del océano y también afectan el calentamiento de todo el planeta. Sin los océanos y sus corrientes, las regiones tropicales de tierra firme, como las que ves arriba, serían demasiado calurosas, y las regiones polares, como las que ves a la izquierda, serían demasiado frías para que las plantas y los animales sobrevivieran.

En continuo movimiento

Los océanos contribuyen a que funcione el **ciclo del agua** de la Tierra, que se explica a continuación. Cuando el sol calienta el agua del océano, parte de ella se **evapora**, es decir, pasa del estado líquido al gaseoso y se convierte en **vapor**. Cuando el vapor se eleva, se enfría y forma gotitas de agua que se unen y forman las nubes. Cuando las nubes se hacen demasiado densas, las gotas caen en forma de lluvia. La mayor parte de la lluvia cae en los océanos, pero la que cae en tierra firme permite que sobrevivan las plantas y los animales que viven allí. Al crear precipitación, los océanos influyen en el clima de todos los demás biomas.

Los océanos cumplen una función clave en el mantenimiento del clima de la Tierra. Cuando el calor escapa de los océanos, se eleva en forma de aire cálido y empuja el aire más frío. Este movimiento crea vientos. Los vientos mueven la lluvia y el calor a distintos lugares del planeta.

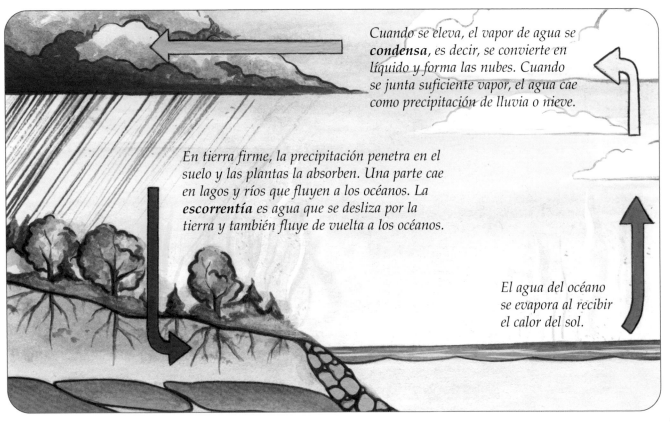

Cuando se eleva, el vapor de agua se **condensa**, es decir, se convierte en líquido y forma las nubes. Cuando se junta suficiente vapor, el agua cae como precipitación de lluvia o nieve.

En tierra firme, la precipitación penetra en el suelo y las plantas la absorben. Una parte cae en lagos y ríos que fluyen a los océanos. La **escorrentía** es agua que se desliza por la tierra y también fluye de vuelta a los océanos.

El agua del océano se evapora al recibir el calor del sol.

Océanos en peligro

Las plantas y los animales marinos están bien adaptados a su hábitat cuando los océanos están en estado natural. Sin embargo, los actos de los seres humanos producen cambios en las condiciones naturales de los océanos. Esos cambios perjudican los hábitats y ponen en peligro la supervivencia de las plantas y los animales que viven en ellos. En los océanos se arrojan toneladas de basura, aguas residuales y sustancias químicas. Estas cosas no pertenecen allí y alteran el equilibrio natural de los hábitats oceánicos, con lo cual las plantas y los animales se enferman. Muchos animales se asfixian cuando comen basura que han confundido con una presa. Otros quedan enredados en la basura y se ahogan.

Fuera de equilibrio

*En todo el mundo se pesca bacalao, atún, tiburones, langostas, ballenas y muchos otros animales marinos. La **sobrepesca**, es decir, la pesca de demasiados animales de una especie en un lugar, altera el equilibrio de las redes alimentarias oceánicas. Hasta puede causar que una especie resulte **extinta**.*

Los derrames de petróleo son desastres para la vida oceánica. El petróleo se pega a las plantas y los animales, y muchos animales se ahogan. Algunos comen petróleo y se enferman. Otros mueren de hambre porque el petróleo envenena las plantas de las que se alimentan.

La contaminación provoca enfermedades en muchos animales oceánicos. Las personas que comen animales enfermos también pueden enfermarse.

Los buceadores descuidados dañan e incluso matan los corales al tocarlos, patearlos o pararse sobre ellos. Nunca toques un coral, ¡ni siquiera con cuidado!

Sobrecalentamiento

El mayor peligro que corren los océanos es el **calentamiento del planeta**, es decir, el aumento de la temperatura de la Tierra. Se produce por la acumulación en el aire de demasiados **gases de invernadero**, en especial dióxido de carbono. El dióxido de carbono se produce cuando se queman combustibles fósiles, como carbón, petróleo y gasolina. Estos combustibles se queman para calentar casas y hacer funcionar autos, camiones, trenes y fábricas.

*Puede haber millones de especies de plantas y animales en el océano; muchas más que las que los científicos han estudiado. Muchas especies desconocidas pueden estar **en peligro de extinción** o ya extintas.*

¡Demasiado cerca de la orilla!

Los hábitats litorales e intermareales se dañan o destruyen por la construcción de viviendas y hoteles en las cercanías. Estas regiones son importantes para la alimentación y la reproducción de muchos animales oceánicos, como las tortugas marinas, las ballenas e incontables tipos de aves.

Las tortugas marinas dependen de la posición de la luna para saber la hora y el lugar correctos para poner los huevos. Las luces brillantes de la playa las confunden y no ponen huevos.

Hay que cuidar los corales

Cerca de la mitad de los peces de los océanos dependen de los arrecifes de coral para obtener refugio y alimento, pero muchos arrecifes están en peligro de desaparecer. En todo el mundo cada vez se están **blanqueando** más arrecifes. El coral se blanquea cuando está bajo tensión. Los científicos creen que la mayor tensión es el calentamiento poco natural de los océanos. La contaminación también puede causar parte del blanqueo. Los corales a veces se recuperan del blanqueo si desaparece la fuente de la tensión. Sin embargo, si la tensión dura más de unos meses, los arrecifes blanqueados mueren.

Aprende más

Los buzos pueden explorar el fondo del océano sólo en las zonas litorales.

La exploración del océano puede ser un reto para los **oceanógrafos**, que son los científicos que estudian los océanos. El estudio de los hábitats de aguas profundas es especialmente difícil porque la oscuridad, las bajas temperaturas y la alta presión del agua hacen que sea imposible para los buzos nadar a estas regiones. Los buzos deben transportarse en vehículos costosos para buceo a gran profundidad. Muchos científicos usan diversos equipos robóticos para fotografiar el fondo oceánico, tomar medidas y registrar información.

Detectar la profundidad

Los oceanógrafos miden la profundidad del océano con un **sonar**. Los científicos saben que la velocidad del sonido en el agua es de cerca de 4,921 pies (1,500 m) por segundo. El equipo del sonar dirige un sonido al agua y mide el tiempo que demora en viajar hasta el fondo, rebotar y volver.

*Los científicos usan **sumergibles**, que son vehículos para aguas profundas, con el fin de explorar a gran profundidad. Este sumergible lleva a una persona y puede viajar a una profundidad de 984 pies (300 m). Algunos pueden sumergirse aún más.*

Área protegida

La importancia que tienen los océanos por ser el hogar de muchos seres vivos únicos y necesarios se reconoce cada vez más. En algunos lugares, los científicos, los gobiernos y otras personas se han unido para establecer regiones protegidas. Una de esas regiones es el parque de la Gran Barrera de Arrecifes, que se extiende a lo largo de la costa noreste de Australia.

Cómo ayudar

Hay algunas cosas que puedes hacer todos los días para beneficiar a los océanos. Todo lo que puedas hacer para reducir la contaminación y el calentamiento del planeta sirve de ayuda. Averigua sobre grupos de tu región o de otras partes del mundo que trabajen para conservar los océanos y las plantas y animales marinos. Aprende sobre los hábitats oceánicos en peligro que necesitan protección y decide cómo puedes participar.

Glosario

Nota: Es posible que las palabras en negrita que están definidas en el libro no aparezcan en el glosario.

algas Plantas verdes sin tallos ni hojas que crecen en el agua

bacterias Seres vivos microscópicos que tienen una sola célula

blanqueo Proceso en el cual los pólipos de coral liberan el alga de la que dependen para producir alimento

branquias Órganos que los animales acuáticos usan para extraer oxígeno del agua

clima Estado del tiempo de una región a largo plazo; comprende la temperatura, la lluvia y el viento

corriente Región de un océano que se mueve constantemente en cierta dirección

desechos Material sin digerir que se elimina del cuerpo

en peligro de extinción Expresión que describe a una especie de planta o animal que está en peligro de desaparecer

exoesqueleto Cubierta dura, parecido a un caparazón, que protege el cuerpo de los invertebrados

extinto Palabra que describe a una planta o animal que ya no existe en la Tierra

fosa Valle de paredes empinadas en el fondo oceánico

gases de invernadero Gases, como el dióxido de carbono, que atrapan el calor dentro de la atmósfera de la Tierra

marino Palabra que describe a animales que viven en el océano o regiones del océano

nutriente Sustancia natural que ayuda a los animales y plantas a crecer

polar Palabra que describe el área de clima frío que rodea el Polo Norte o el Polo Sur

pólipo Diminuto animal marino de cuerpo blando y redondeado, que tiene tentáculos alrededor de la boca

precipitación Agua en forma de lluvia, nieve o granizo que cae del cielo a la superficie de la Tierra

presa Animal que otros animales cazan y se comen

sonar Instrumento que envía ondas de radio para hallar y ubicar objetos bajo el agua

templado Palabra que describe zonas de climas moderados entre las regiones tropicales y polares

tropical Palabra que describe áreas de climas cálidos cercanas al ecuador

Índice

Impreso en Canadá